Jackie Robinson

Un héroe en el campo de béisbol

Stephanie E. Macceca

Asesor

Glenn Manns, M.A.
Coordinador del programa de enseñanza de Historia de los Estados Unidos en la Cooperativa Educativa de Ohio Valley

Créditos

Dona Herweck Rice, *Gerente de redacción*; Lee Aucoin, *Directora creativa*; Conni Medina, M.A.Ed., *Directora editorial*; Katie Das, *Editora asociada*; Neri Garcia, *Diseñador principal*; Stephanie Reid, *Investigadora fotográfica*; Rachelle Cracchiolo, M.S.Ed., *Editora comercial*

Créditos fotográficos

Teacher Created Materials

5301 Oceanus Drive
Huntington Beach, CA 92649-1030
http://www.tcmpub.com

ISBN 978-1-4333-2578-6

©2011 Teacher Created Materials, Inc.
Printed in China

Tabla de contenido

Conoce a Jackie 4

El joven Jackie 6

Frente a la injusticia 14

Una carrera excepcional 20

Jackie abre el camino 26

Línea del tiempo 28

Glosario 30

Índice 31

Estadounidenses de hoy 32

Conoce a Jackie

Jackie Robinson fue un jugador de béisbol. También fue un hombre **valiente**. Hizo cosas que nadie había hecho antes. Defendió lo correcto aun cuando algunas personas lo trataban mal. Jackie hizo esto para que todos pudiéramos practicar deportes juntos.

Jackie con sus compañeros de equipo

Hasta 1947, los jugadores de béisbol **afroamericanos** y anglosajones no pudieron jugar en los mismos equipos.

Jackie lleva su uniforme de béisbol.

El joven Jackie

Jackie nació en Georgia el 31 de enero de 1919. El padre de Jackie se fue cuando tenía seis meses. Su madre se mudó con el resto de la familia a California. Quería una vida mejor para su familia.

Jackie y su familia

Dato curioso

De Georgia a California hay 2,500 millas de distancia. A la familia de Jackie le tomó alrededor de 85 horas hacer ese viaje en tren. ¡Eso es casi cuatro días!

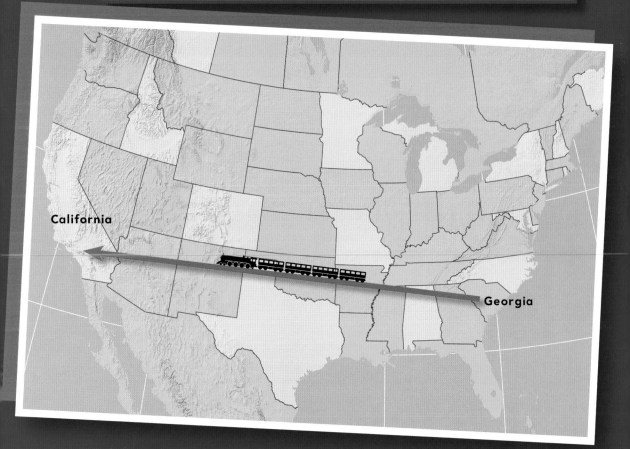

California

Georgia

En aquella época, se mantenían separadas a los afroamericanos y las personas anglosajonas. Esto se llamaba **segregación**.

Los afroamericanos no se podían sentar con los blancos en el cine.

La vida era difícil para los Robinson. Los vecindarios de los afroamericanos estaban separados de los vecindarios de los anglosajones. La madre de Jackie compró una casa en un vecindario para anglosajones. Los vecinos no querían que los Robinson vivieran allí.

Theodore Roosevelt

Dato curioso

El nombre completo de Jackie era Jack Roosevelt Robinson. Le pusieron ese nombre por el presidente Theodore Roosevelt.

Los niños de la familia Robinson eran buenos atletas. Jackie era el menor. Debía esforzarse mucho para mantenerse al ritmo con sus hermanos y hermanas. Era muy bueno en todos los deportes que intentaba.

Mack Robinson

Dato curioso

Mack, uno de los hermanos de Jackie, ganó una medalla de plata en atletismo en los juegos olímpicos de 1936.

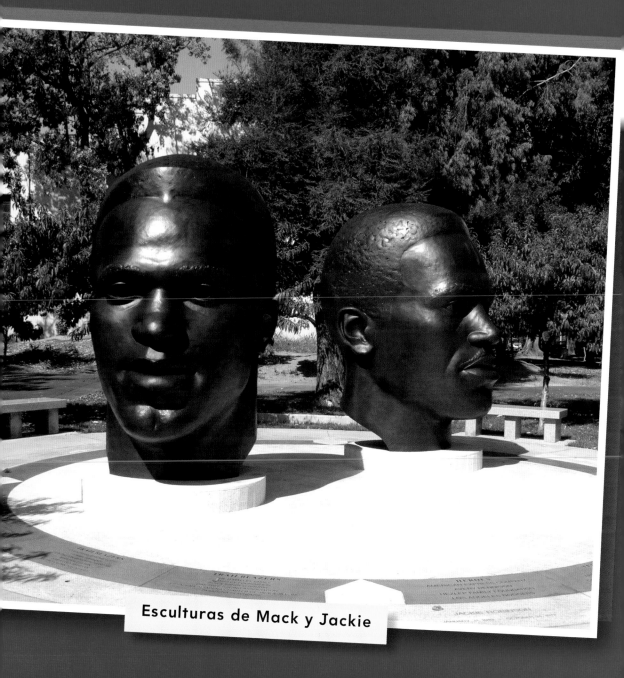

Esculturas de Mack y Jackie

Jackie se esforzó mucho para entrar a la universidad. Allí practicó muchos deportes. Batió récords en baloncesto, fútbol americano y atletismo. Fue la primera persona en obtener un reconocimiento a la excelencia deportiva en cuatro deportes en su universidad.

Jackie juega al baloncesto en la universidad.

Jackie juega fútbol americano en la universidad.

Frente a la injusticia

Jackie salió de la universidad temprano. Él fue a luchar en la Segunda Guerra Mundial. Jackie vio que los soldados afroamericanos no recibían el mismo trato que los soldados anglosajones. Un día, después de regresar de la guerra, un conductor de autobús le dijo que debía sentarse en la parte trasera del autobús. Los afroamericanos no podían sentarse en el frente de los autobuses junto a los anglosajones. Jackie **rehusó** ir a la parte trasera.

Jackie con su uniforme militar

Rosa Parks también se negó a ir a la parte trasera de un autobús. Ella lo hizo 11 años después de Jackie.

Rosa Parks

En esa época, a los afroamericanos no se les permitía practicar deportes en el mismo equipo que los anglosajones. Las Grandes Ligas de béisbol sólo estaban abiertas a jugadores anglosajones. Jackie jugaba en las **Ligas Negras**. Era uno de los jugadores estrella.

Jackie jugó para el equipo Kansas City Monarchs.

Jackie con sus compañeros de equipo frente a su autobús

En 1945, Jackie conoció a Branch Rickey. Branch dirigía a los Brooklyn Dodgers. Él quería que los afroamericanos jugaran béisbol con los jugadores anglosajones. Le pidió a Jackie que jugara en las Grandes Ligas. Le dijo a Jackie que tendría que ser **valiente**. Jackie dijo que sí.

Jackie firmando su contrato con los Dodgers

Jackie tuvo el mejor promedio de bateo de la liga.

Una carrera excepcional

En 1947, muchos seguidores y jugadores abuchearon e insultaron a Jackie. No querían que un afroamericano jugara al béisbol en un equipo de anglosajones. Pero Jackie era un gran jugador. Trabajó duro y jugó lo mejor que pudo.

Los aficionados abuchean a Jackie.

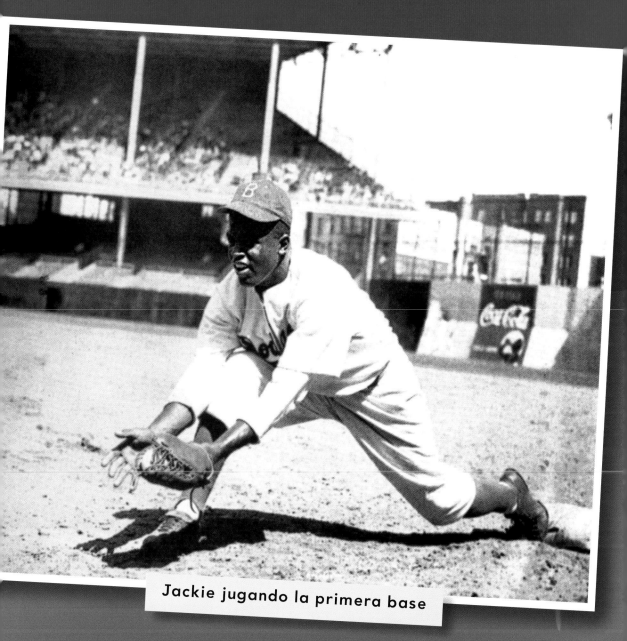

Jackie jugando la primera base

Dato curioso

En 1947, Jackie robó 29 bases. ¡Era el jugador con más bases robadas!

¡Jackie toca jonrón!

Jackie jugó en primera base para los Brooklyn Dodgers. Él era un gran bateador. También era bueno para robar bases. Ayudó a su equipo a llegar a la Serie Mundial. ¡Jackie fue el primer jugador de la historia en ganar el premio al Novato del Año!

Jackie recibe el premio al Novato del Año por ser el mejor jugador novato de béisbol.

Durante los siguientes 10 años, Jackie fue uno de los mejores jugadores de béisbol. El promedio de bateo de toda su carrera fue de .311. En 1949, ganó el premio al Jugador Más Valioso. Llevó a los Brooklyn Dodgers a ganar seis **banderines**. ¡Incluso ganaron la Serie Mundial!

¡Los Dodgers ganan el banderín de la Liga Nacional de 1952!

Dato curioso

A Jackie lo invitaron a jugar en el Equipo de las Estrellas durante seis años seguidos.

Jackie recibió el premio del Jugador Más Valioso.

Jackie abre el camino

Jackie fue el primer jugador afroamericano en las Grandes Ligas de béisbol. Ser el primero no fue fácil. Pero cambió al mundo. Hoy en día, los jugadores de todas las **razas** juegan juntos. Jackie murió el 24 de octubre de 1972. La gente recuerda su talento y valentía.

Jugadores de distintas razas en el mismo equipo

Jackie entró al Salón de la Fama del béisbol en 1962.

Línea del

1919
Jackie Robinson nace en Georgia.

1942–1944
Jackie sirve en el ejército estadounidense.

1945
Jackie juega para los Kansas City Monarchs en las Ligas Negras.

tiempo

1947

Jackie es el primer afroamericano en jugar para las Grandes Ligas. Gana el premio al Novato del Año.

1949

Jackie gana el premio al Jugador Más Valioso.

1972

Jackie muere a los 53 años.

Glosario

afroamericanos—personas nacidas en el continente americano con familia que vino de África

banderines—en béisbol, banderas que simbolizan campeonatos ganados

Ligas Negras—grupo de equipos de béisbol en los que sólo había jugadores afroamericanos

razas—grupos de personas que tienen distintos colores de piel

rehusó—dijo que no haría algo

segregación—separación de las personas por motivos raciales o religiosos

valiente—que no tiene miedo

Índice

afroamericanos, 5, 8–9, 14, 16, 18, 20, 26

Brooklyn Dodgers, 18, 23–24

California, 6–7

Georgia, 6–7

Grandes Ligas de béisbol, 16, 18, 26

Jugador Más Valioso, 24–25

Kansas City Monarchs, 16

Ligas Negras, 16–17

Novato del Año, 23

Parks, Rosa, 15

Rickey, Branch, 18

Robinson, Mack, 10–11

Roosevelt, presidente Theodore, 9

Salón de la Fama del béisbol, 27

segregación, 8

Segunda Guerra Mundial, 14

Serie Mundial, 23–24

Estadounidenses de hoy

Jimmy Rollins es jugador de béisbol. En el 2007, lo reconocieron como el Jugador Más Valioso. Robó al menos 20 bases por temporada. Jackie ayudó a hacer posible su carrera en este deporte.